Verbinde gleiche Figuren.

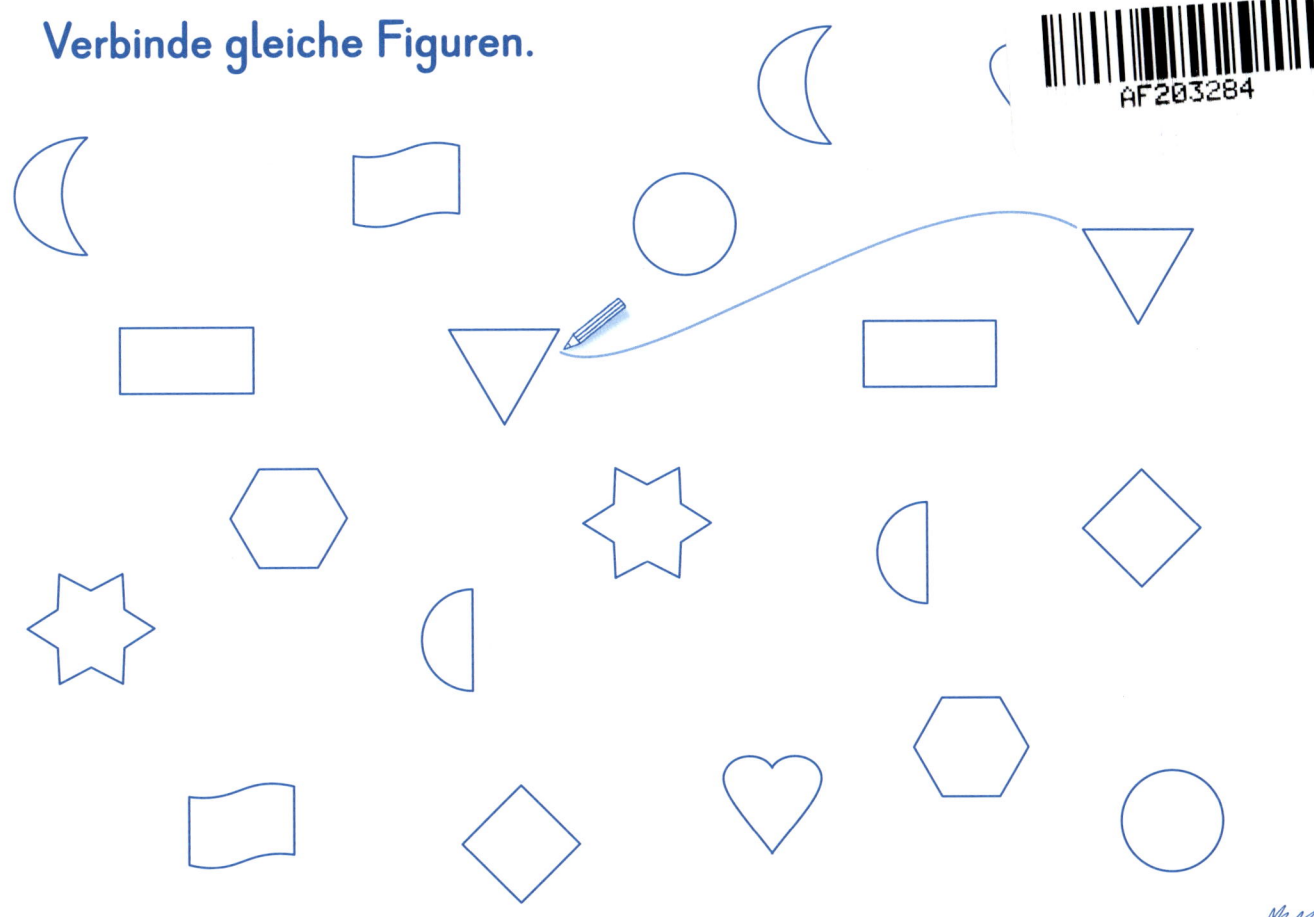

Male aus.

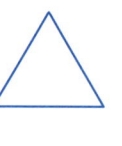

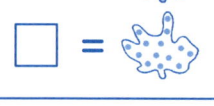

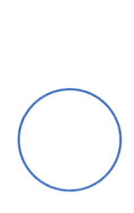

Mein Mathe-Lernheft – Grunderfahrungen www.verlagruhr.de

visuelle Wahrnehmung – Formen unterscheiden

Male gleiche Formen gleich aus.

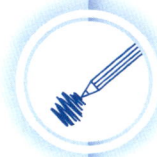

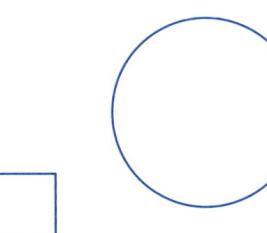

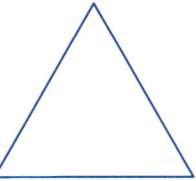

Mein Mathe-Lernheft – Grunderfahrungen · www.verlagruhr.de

Male aus.

| nach unten = **rot** | nach oben = **blau** |

Mein Mathe-Lernheft – Grunderfahrungen · www.verlagruhr.de

visuelle Wahrnehmung – räumliche Orientierung

Male aus.

nach links = **gelb**	nach rechts = **grün**

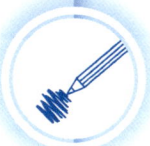

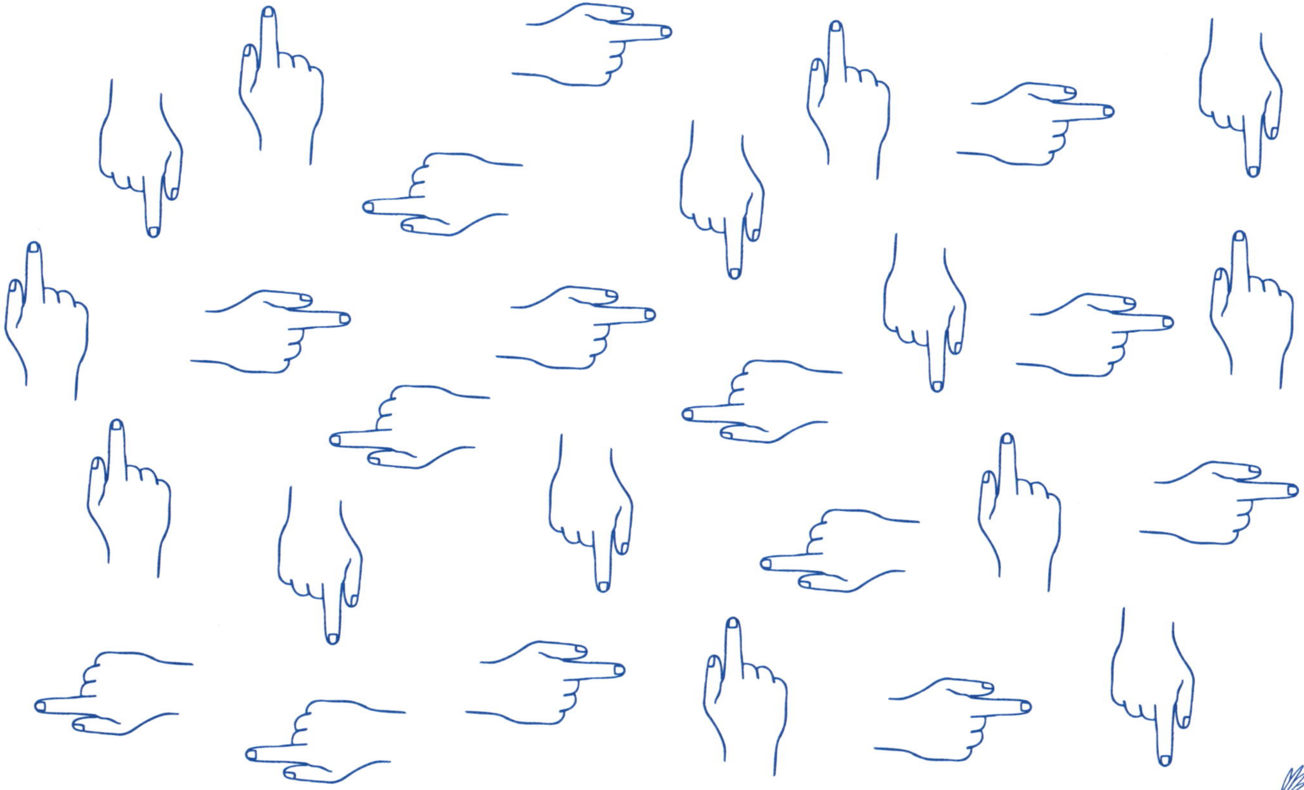

Male alle Zahlen aus.

     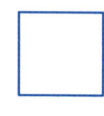

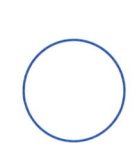    

 Zahlen, Buchstaben und geometrische Formen abgrenzen

Mein Mathe-Lernheft – Grunderfahrungen · www.verlagruhr.de

Male alle Formen aus.

Mein Mathe-Lernheft – Grunderfahrungen | www.verlagruhr.de

Finde den richtigen Weg.

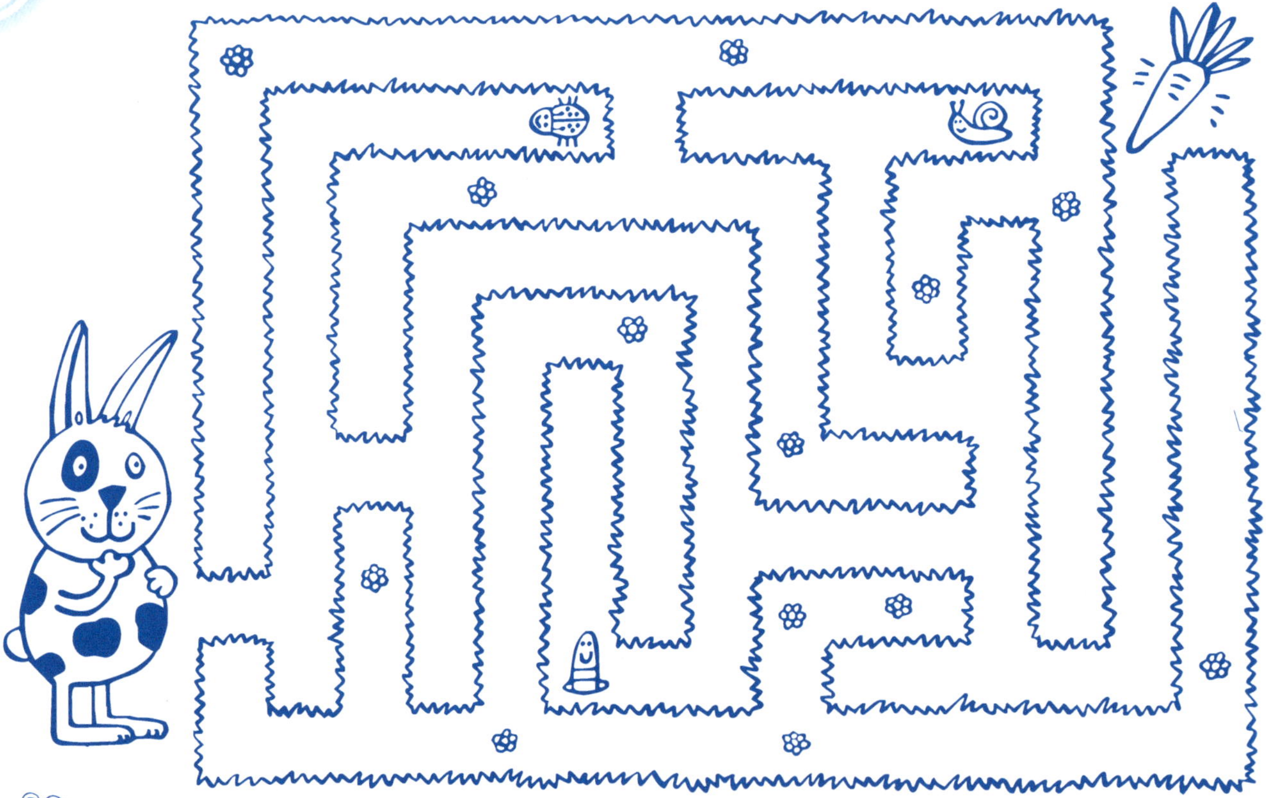

Mein Mathe-Lernheft – Grunderfahrungen   www.verlagruhr.de

visuelle Wahrnehmung – räumliche Orientierung

Finde den richtigen Weg.

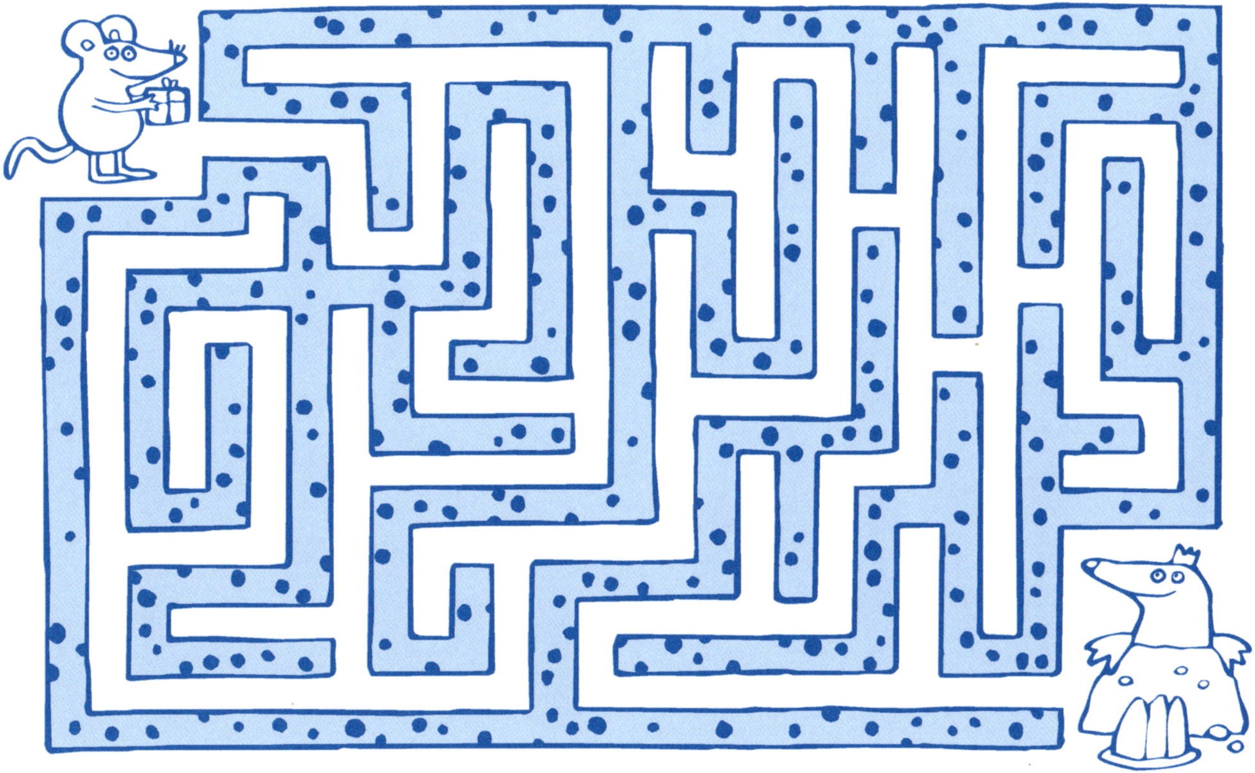

Mein Mathe-Lernheft – Grunderfahrungen · www.verlagruhr.de

Setze die Muster fort.

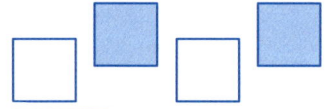

1 2 1 2 1

Muster und Regelmäßigkeiten erkennen und fortsetzen

Mein Mathe-Lernheft – Grunderfahrungen ⬚ www.verlaggruhr.de

Setze die Muster fort.

1 2 3 4 1

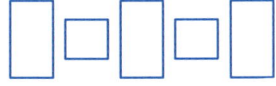

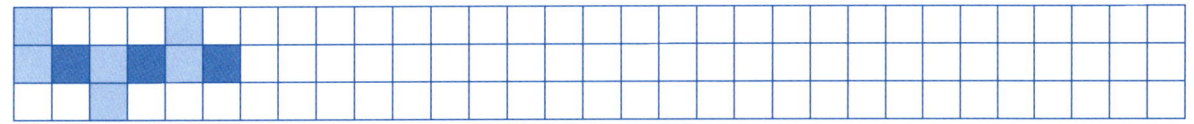

Mein Mathe-Lernheft – Grunderfahrungen · www.verlagruhr.de

Wo sind mehr Teile?

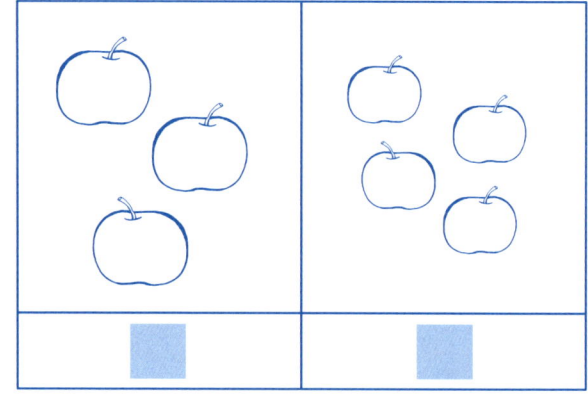

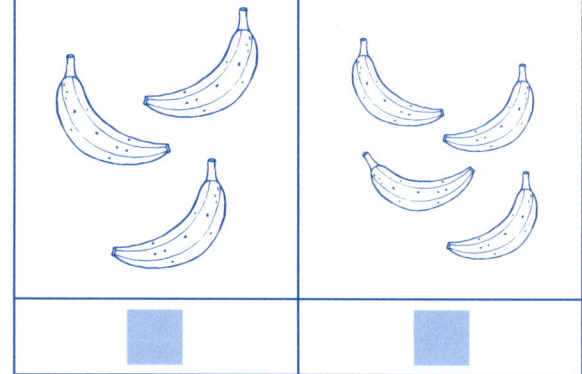

voroperatives Mengenverständnis

Mein Mathe-Lernheft – Grunderfahrungen ⬚ www.verlagruhr.de

Welche Teile sind größer?

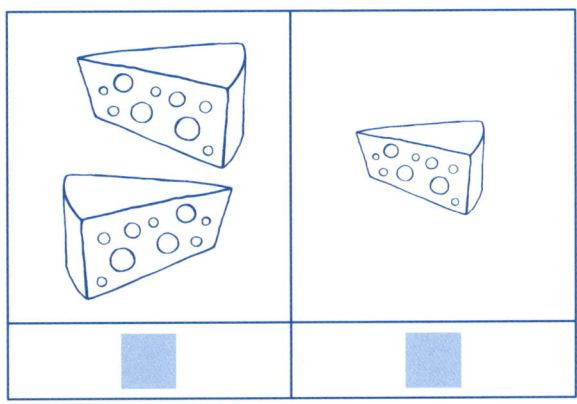

Findet jede Biene eine Blüte?

Vermute. Kreuze an. ja nein

Verbinde.

voroperatives Mengenverständnis – Eins-zu-eins-Zuordnung

Mein Mathe-Lernheft – Grunderfahrungen ⬚ www.verlagruhr.de

Hat jede Gans ein Ei?

Vermute. Kreuze an. ja nein

Verbinde.

Mein Mathe-Lernheft – Grunderfahrungen ⌂ www.verlagruhr.de

Wie viele? Für jede Form und jede Farbe einen Strich.

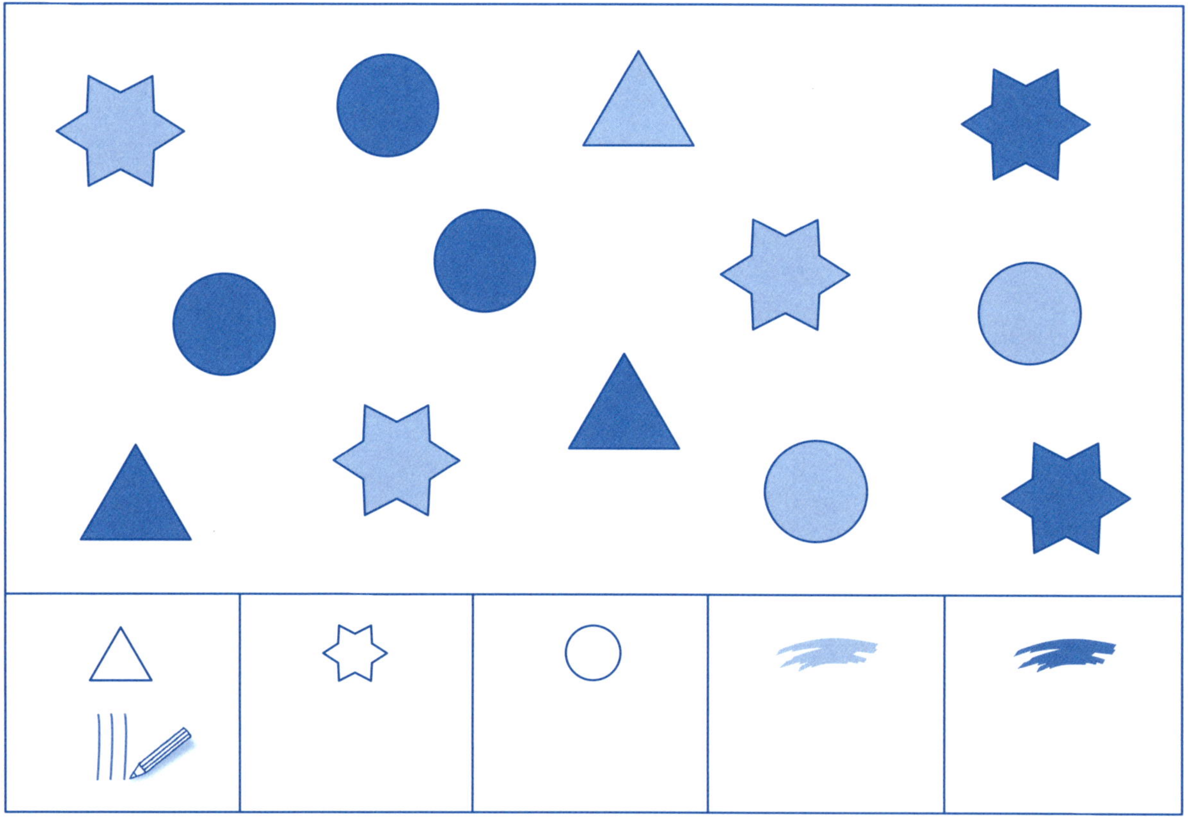

verschiedene Eigenschaften von Objekten erkennen – Anzahlen darstellen

Wie viele? Für jedes Tier einen Strich.

oben:
~~||||~~ || ✏️

unten:

Vögel:

Bienen:

Mein Mathe-Lernheft – Grunderfahrungen · www.verlagruhr.de

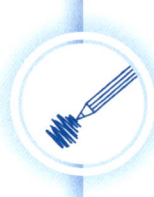

Zeichne weiter.

1 ☐

2 ☐ ☐

3 ☐ ☐ ☐

4

5

6

7

8

9

10

Mengen – Anzahlen darstellen

Zeichne.

1 Apfel

2 Autos

3 Ameisen

4 Bananen

5 Fische

6 Bälle

Mein Mathe-Lernheft – Grunderfahrungen   www.verlagruhr.de

Sortiere von groß nach klein.

3.   2.   4.   1.

Mein Mathe-Lernheft – Grunderfahrungen 📖 www.verlagruhr.de

Ordinalzahlen – Elemente sortieren

Sortiere von klein nach groß.

 2. 3. 1.  4.

7

Mein Mathe-Lernheft – Grunderfahrungen · www.verlagruhr.de

Ordne zu.

| 1 | 2 | 3 | 4 | 5 |

Zahl-Mengen-Zuordnung

Ordne zu.

 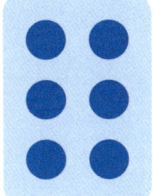 

 6   7   8   9   10

 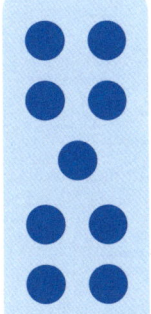

Mein Mathe-Lernheft – Grunderfahrungen · www.verlagruhr.de

Ergänze.

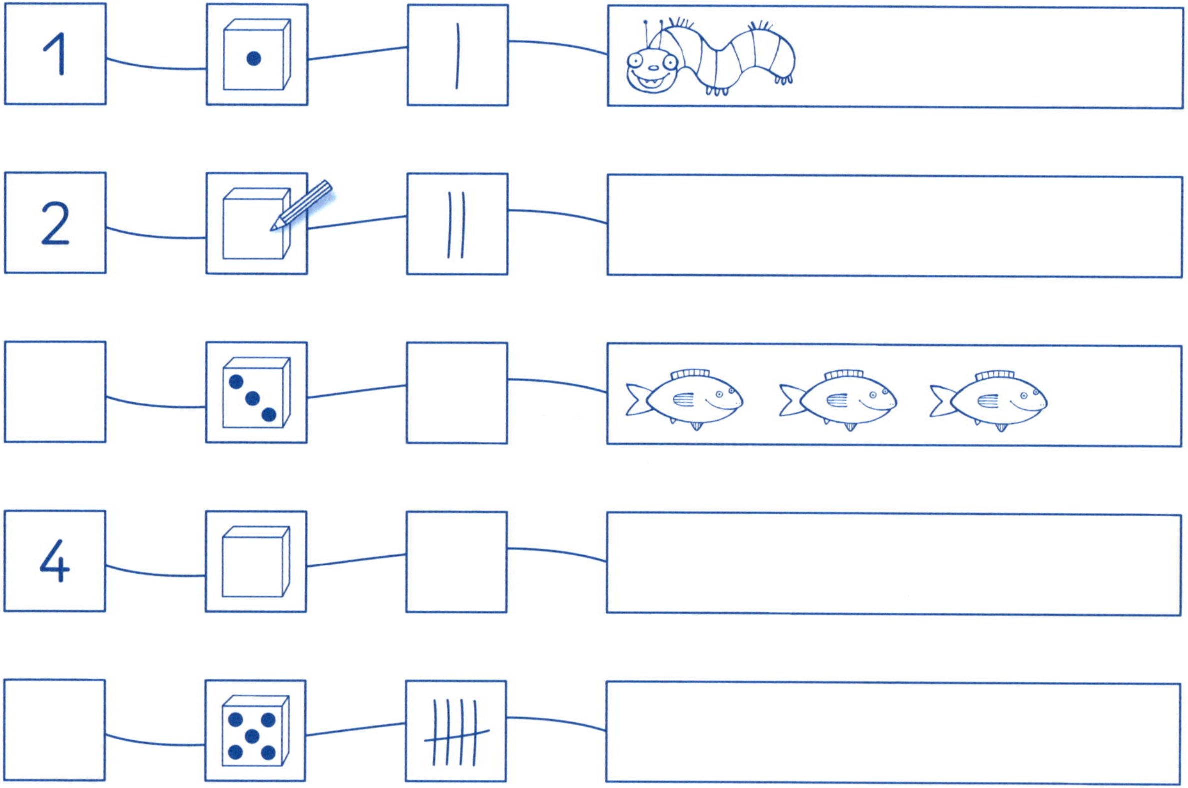

1 — ⚀ — I — 🐛

2 — 🎲✏️ — II —

☐ — ⚂ — ☐ — 🐟 🐟 🐟

4 — ☐ — ☐ —

☐ — ⚄ — IIII —

Mengen – Anzahlen unterschiedlich darstellen

Ergänze.

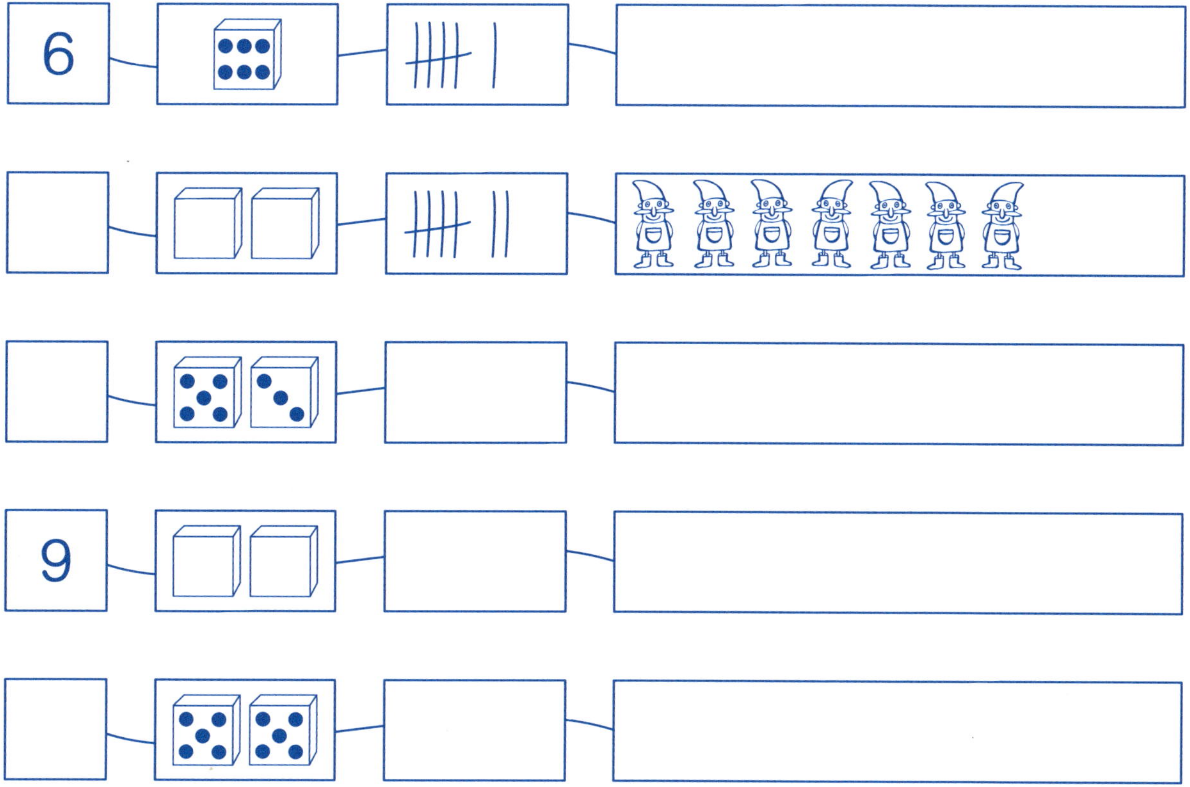

6   [⚅] ||||| | [ ]

[ ]   [◻◻] ||||| || 🧙🧙🧙🧙🧙🧙🧙

[ ]   [⚄⚂]   [ ]   [ ]

9   [◻◻]   [ ]   [ ]

[ ]   [⚄⚄]   [ ]   [ ]

Mehr oder weniger? Kreuze an.

Es wird …

mehr.

weniger.

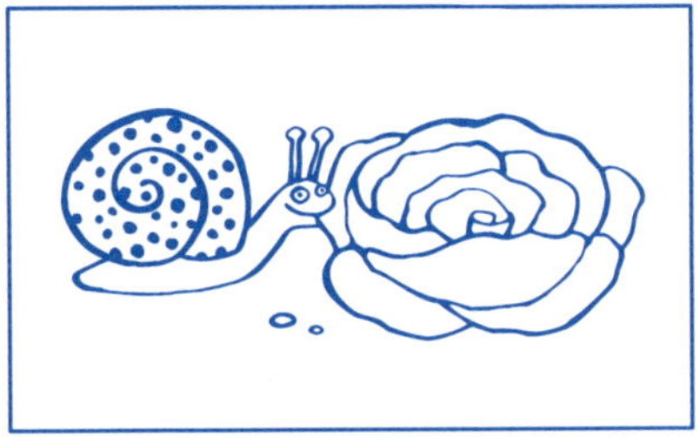

mehr.

weniger.

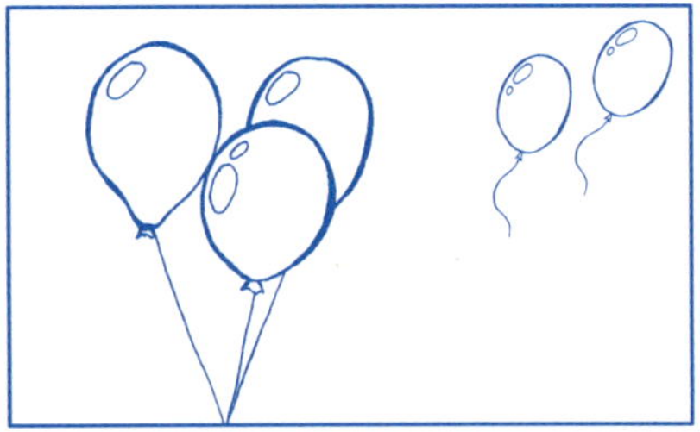

mehr.

weniger.

Operationsverständnis anbahnen

Mein Mathe-Lernheft – Grunderfahrungen ⬚ www.verlagruhr.de

Luftballons © Magnus Siemens

Wie viele? Schreibe.
Mehr oder weniger? Kreuze an.

Es wird ...

□ mehr.

□ weniger.

5

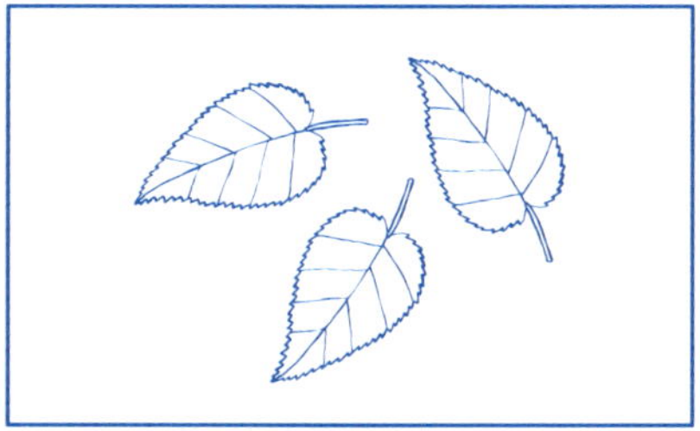

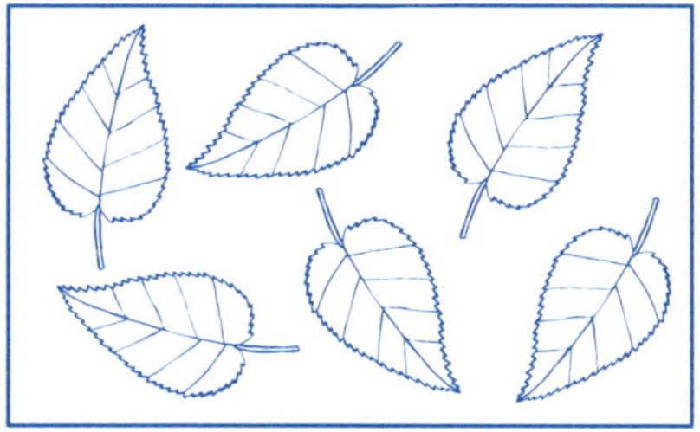

□ mehr.

□ weniger.

Mein Mathe-Lernheft – Grunderfahrungen · www.verlagruhr.de

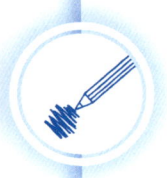

Die Zahl 3

Kreise immer 3 ein.

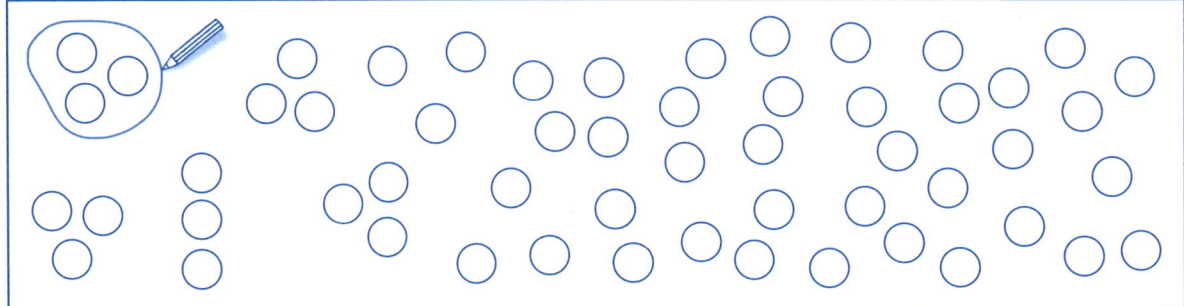

Wo siehst du 3? Kreise ein.

Zahlen unter verschiedenen Zahlaspekten kennenlernen

Mein Mathe-Lernheft – Grunderfahrungen · www.verlagruhr.de

Hände © Verlag an der Ruhr

Die Zahl 4

Kreise immer 4 ein.

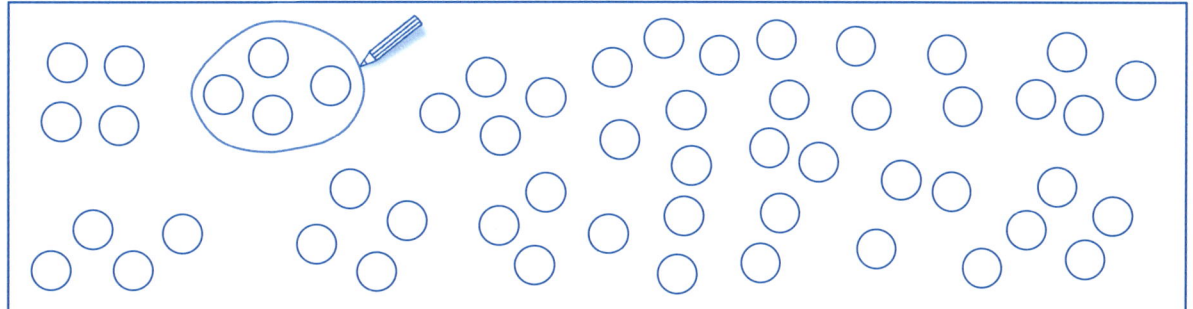

Wo siehst du 4? Kreise ein.

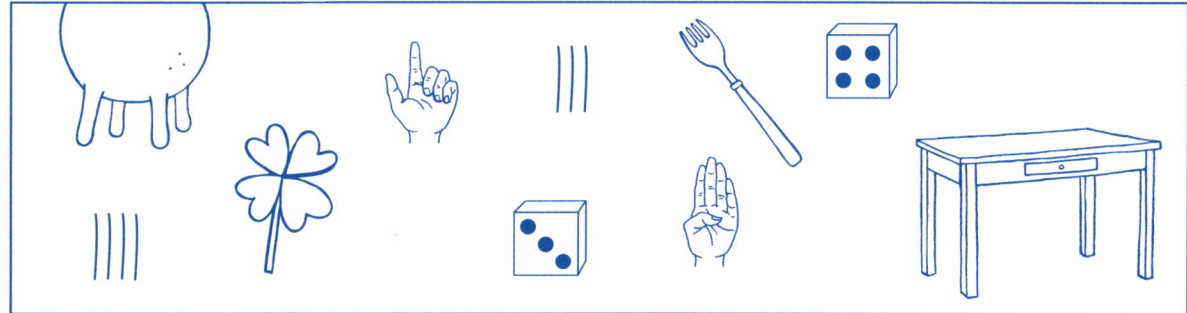

Mein Mathe-Lernheft – Grunderfahrungen www.verlagruhr.de

Die Zahl 5

Kreise immer 5 ein.

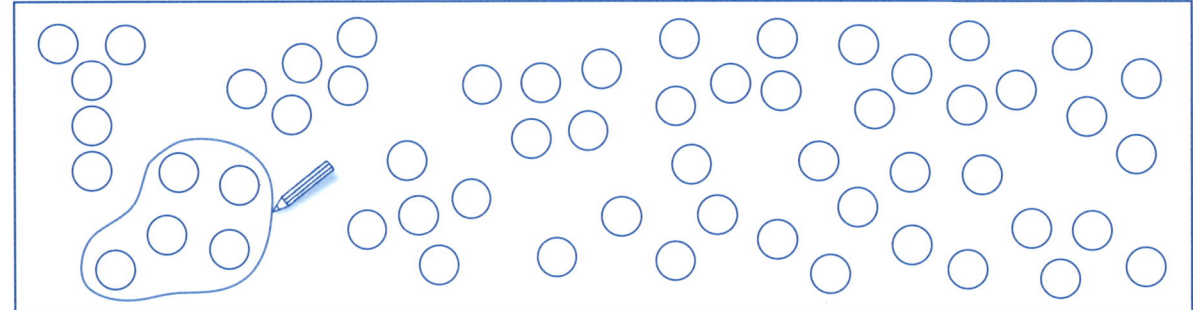

Wo siehst du 5? Kreise ein.

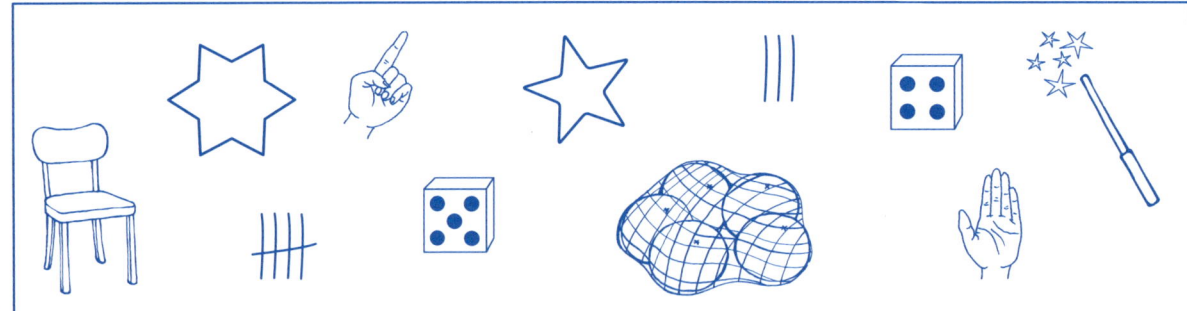

Mein Mathe-Lernheft – Grunderfahrungen 📖 www.verlagruhr.de

Zahlen unter verschiedenen Zahlaspekten kennenlernen

Würfel, Hände © Verlag an der Ruhr

Die Zahl 6

Kreise immer 6 ein.

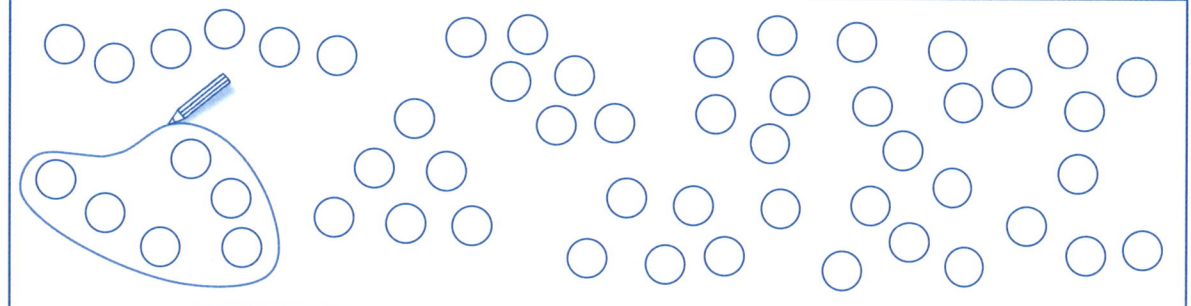

Wo siehst du 6? Kreise ein.

Mein Mathe-Lernheft – Grunderfahrungen   www.verlagruhr.de

Die Zahl 7

Kreise immer 7 ein.

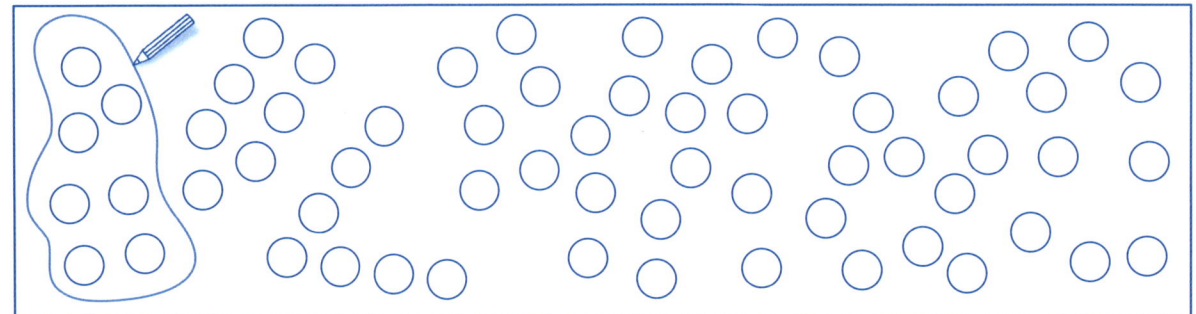

Wo siehst du 7? Kreise ein.

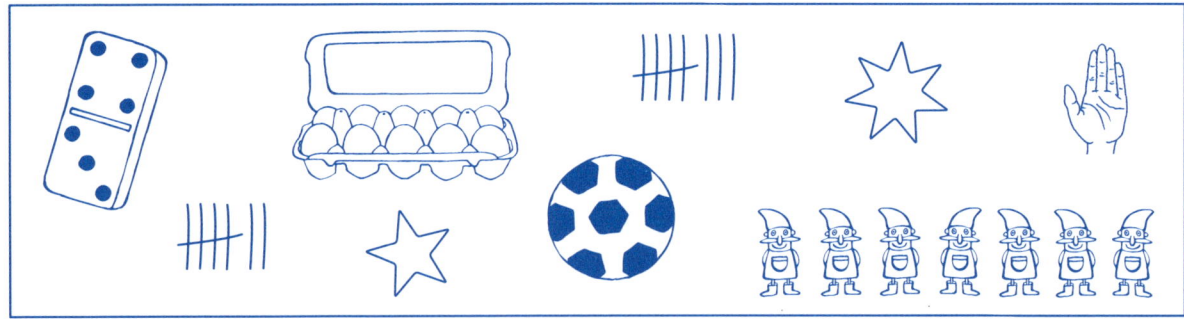

Mein Mathe-Lernheft – Grunderfahrungen   www.verlagruhr.de

Zahlen unter verschiedenen Zahlaspekten kennenlernen

Hand © Verlag an der Ruhr

Die Zahl 8

Kreise immer 8 ein.

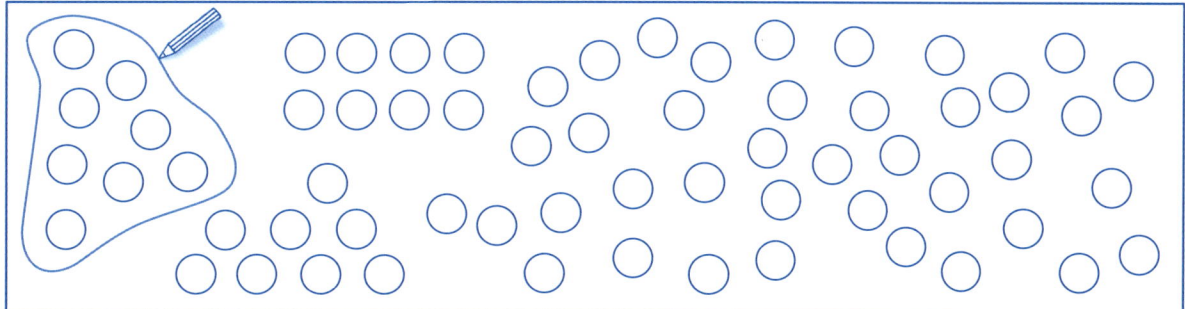

Wo siehst du 8? Kreise ein.

Mein Mathe-Lernheft – Grunderfahrungen   www.verlagruhr.de

Die Zahl 9

Kreise immer 9 ein.

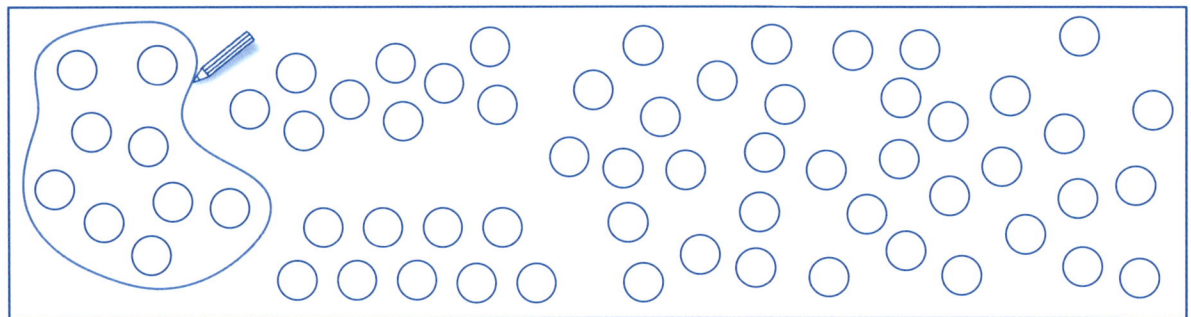

Wo siehst du 9? Kreise ein.

Zahlen unter verschiedenen Zahlaspekten kennenlernen

Würfel, Hände © Verlag an der Ruhr

Mein Mathe-Lernheft – Grunderfahrungen www.verlagruhr.de

Die Zahl 10

Kreise immer 10 ein.

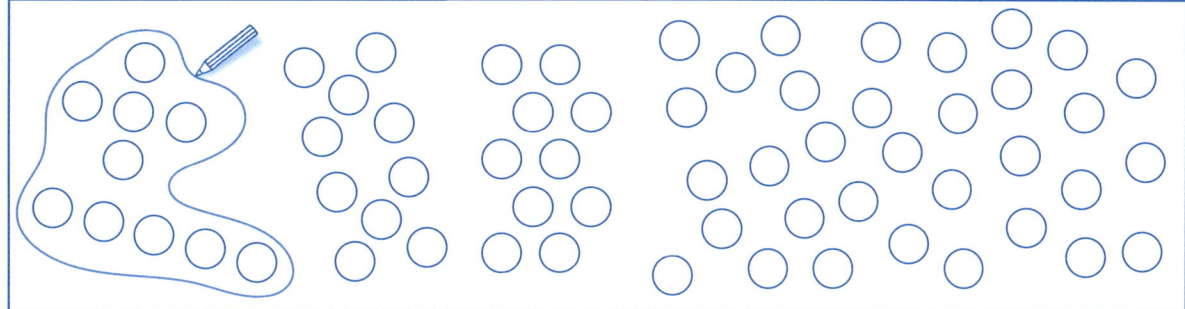

Wo siehst du 10? Kreise ein.

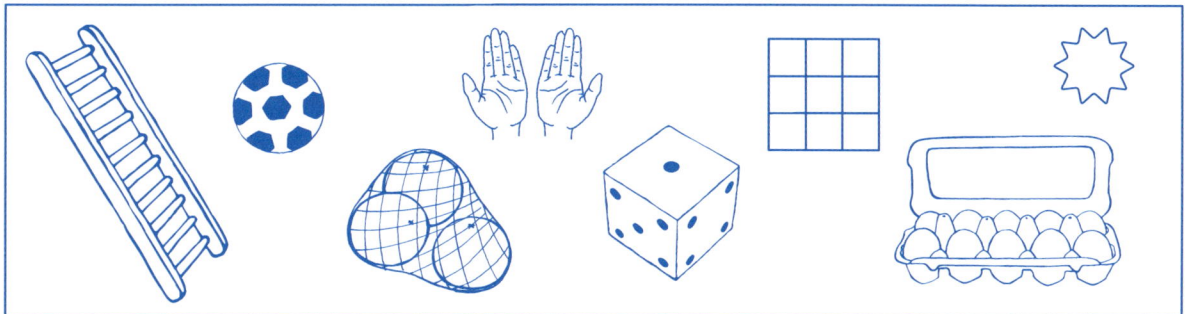

Mein Mathe-Lernheft – Grunderfahrungen   www.verlagruhr.de

Was passt zusammen? Verbinde.

3 Affen ○　　2 Kinder ○　　4 Blumen ○　　5 Bienen ○　　7 Bälle ○

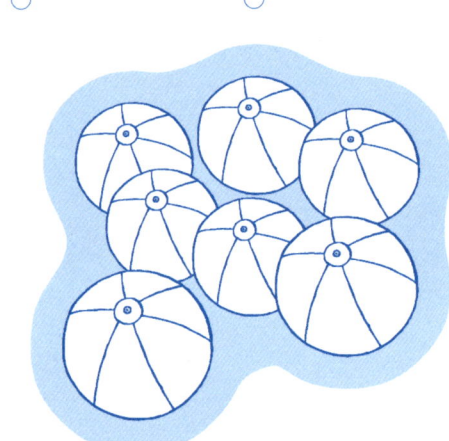

Mein Mathe-Lernheft – Grunderfahrungen　www.verlagruhr.de

Zähle geschickt. Schreibe die Zahl.

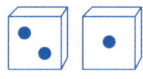 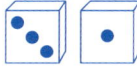 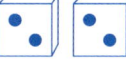 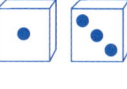 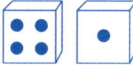

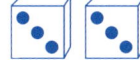 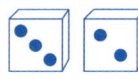 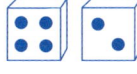  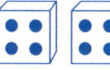

Mein Mathe-Lernheft – Grunderfahrungen · www.verlagruhr.de

Kreise immer 5 ein. Wie viele insgesamt?

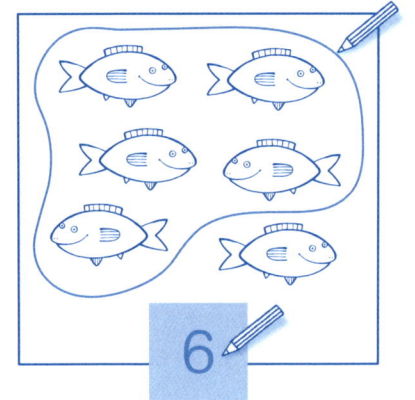

6

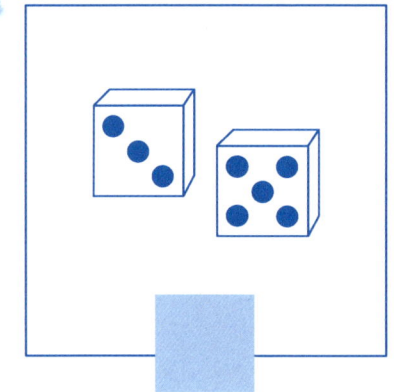

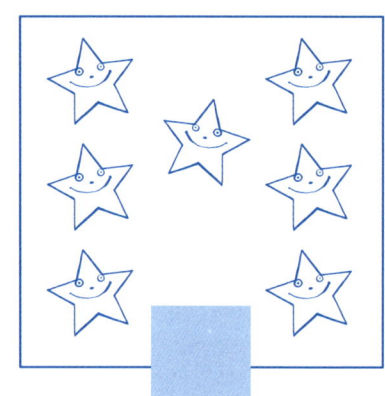

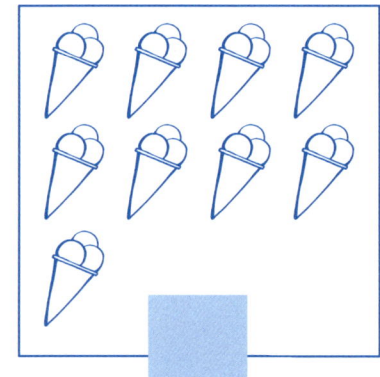

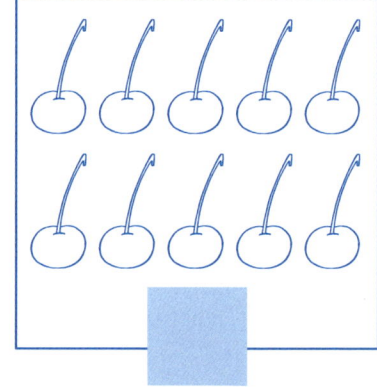

Zählen – Mengen strukturieren

Mein Mathe-Lernheft – Grunderfahrungen · www.verlagruhr.de

Verbinde. Wie viele?

| 4 | 6 | 7 | 5 |

Mein Mathe-Lernheft – Grunderfahrungen ꙳ www.verlagruhr.de

Was ist im Wasser? Male aus.

Wie viele?

Kreise alle Tiere ein.

Wie viele?

verschiedene Eigenschaften von Objekten erkennen – Anzahlen darstellen

Wie viele? Für jedes Tier einen Strich.

Mein Mathe-Lernheft – Grunderfahrungen · www.verlagruhr.de

Zähle vorwärts.

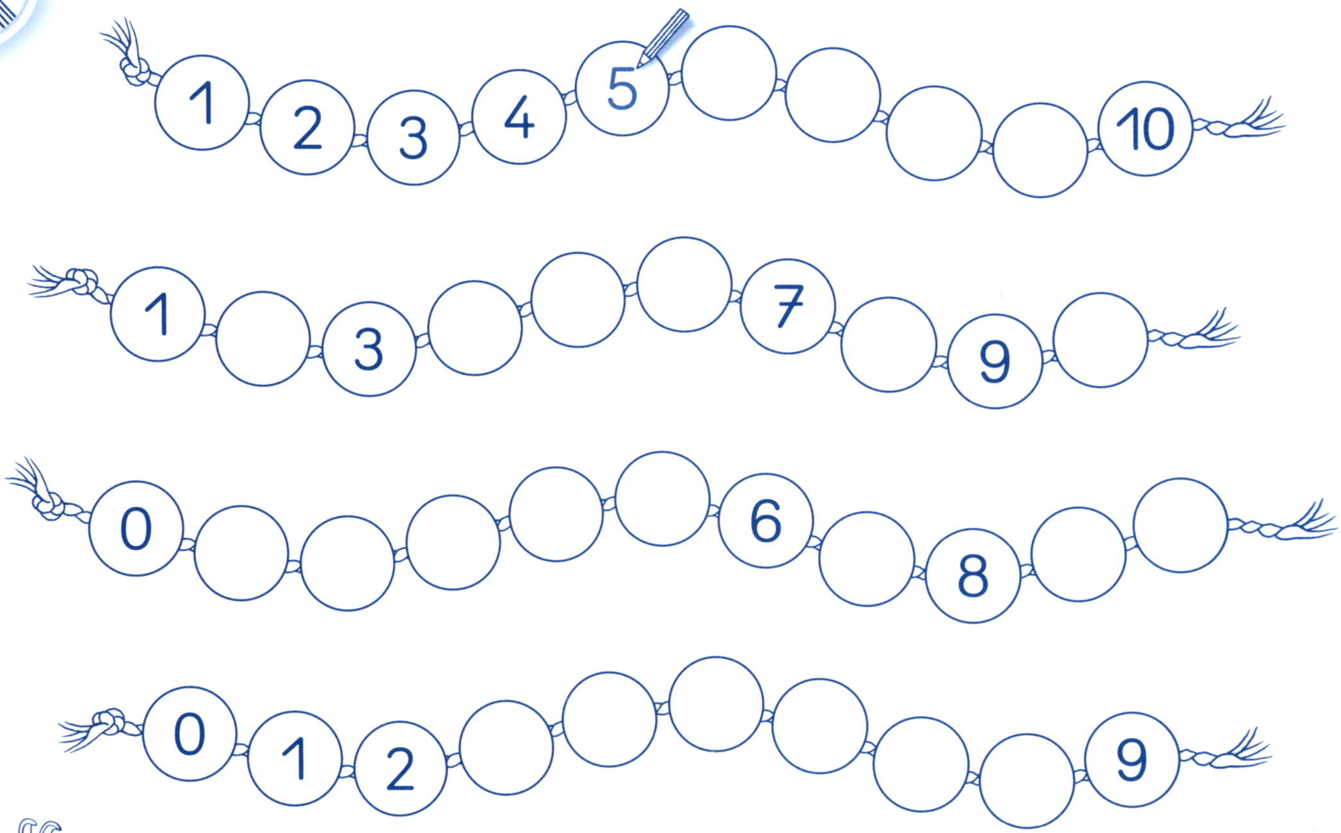

1 2 3 4 5 ◯ ◯ ◯ ◯ 10

1 ◯ 3 ◯ ◯ ◯ 7 ◯ 9 ◯

0 ◯ ◯ ◯ ◯ 6 ◯ 8 ◯ ◯

0 1 2 ◯ ◯ ◯ ◯ ◯ ◯ 9

Zahlreihe – Orientieren im Zahlenraum bis 10

Zähle rückwärts.

10 9 8 7 6 _ _ _ _ 1

9 _ _ _ _ _ _ _ 0

8 _ 6 _ _ 3 _ _

10 _ _ _ _ 4 _

Mein Mathe-Lernheft – Grunderfahrungen · www.verlagruhr.de

Vorgänger und Nachfolger

 (1)—(2)—(3)

 ( )—(8)—(9)

 ( )—(7)—(8)

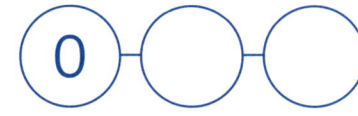 (0)—( )—( )

(8)—(9)—( )

 ( )—(3)—( )

( )—(9)—( )

( )—( )—(8)

 ( )—( )—(6)

( )—(8)—( )

(2)—( )—(4)

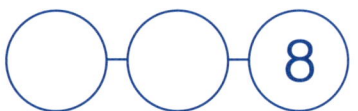 ( )—(6)—(5)

 ( )—( )—(10)

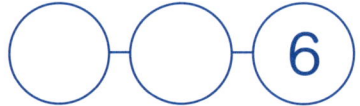

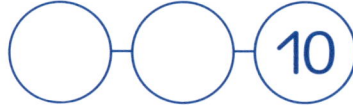

46   Zahlreihe – Orientieren im Zahlenraum bis 10

Mein Mathe-Lernheft – Grunderfahrungen   www.verlagruhr.de

Wer ist Erster?

1.

2.

3.

4.

Mein Mathe-Lernheft – Grunderfahrungen ⬚ www.verlagruhr.de

Baue die Stangen. Verbinde.

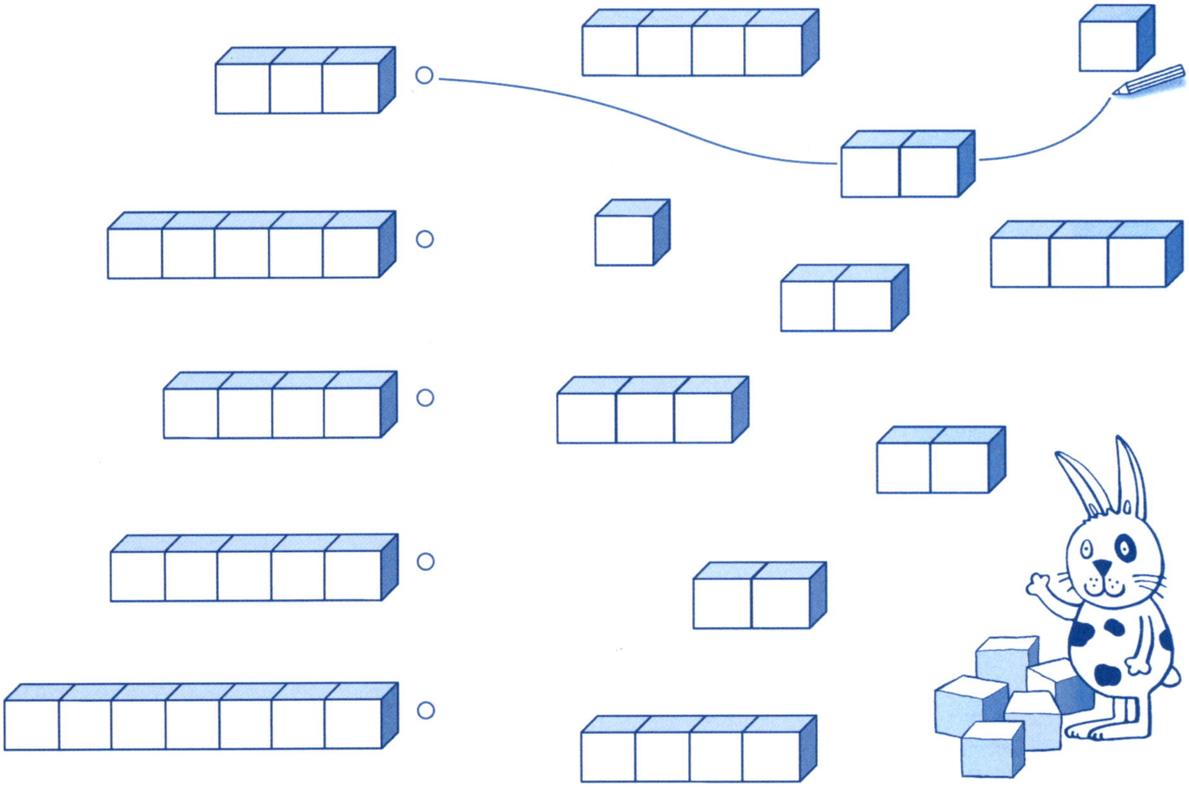

Operationsverständnis anbahnen

Würfel © Verlag an der Ruhr

Verbinde. Wie viele?

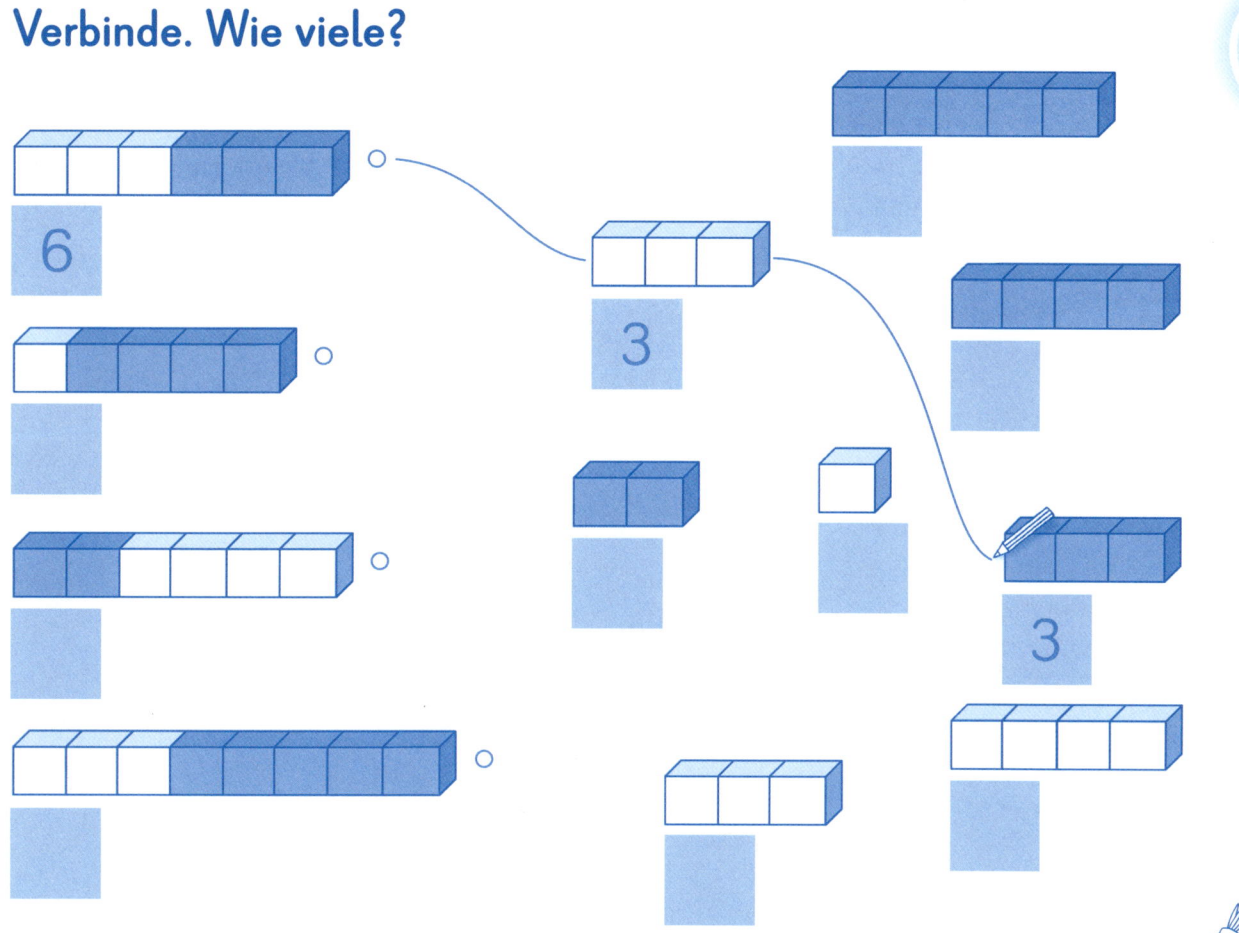

Mein Mathe-Lernheft – Grunderfahrungen   www.verlagruhr.de

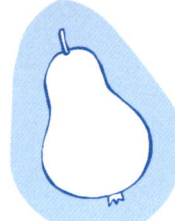

Das kann ich alles!

Verbinde.

(1)
(2)
(3)
(4)
(5)

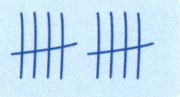

(6)
(7)
(8)
(9)
(10)

Zähle.

 2  5

Mein Mathe-Lernheft – Grunderfahrungen · www.verlagruhr.de

Lernstandsdiagnose

Seil © Verlag an der Ruhr